Tout suit leurs progrès eux seuls nous ont fait naitre.
Oui, le genie et le tems, voila nos maitres.

Pithou Inv. Louvion Sculp.

LA VIE ET LA MORT

DE

LOUIS CAPET,

DIT DE BOURBON,

Seizième du nom et dernier Roi de France ;

ET CELLE

D'ANTOINETTE D'AUTRICHE,

sa Femme.

PAR PITHOUD.

Devise.	*Épigraphe.*
Taire, ou bien dire.	Mensonge est oujours prêt,
Demeurer ou bien faire.	Vérité se fait entendre.

A PARIS,

Chez l'Auteur, rue du Hurepoix, la boutique à côté de l'Horloger, au bout du Quai de la Vallée.

L'an II de la République Française, une et indivisible.

ÉNONCÉ.

Louis Capet, dit de Bourbon, naquit à Versailles, le 23 août 1754, d'abord nommé Duc de Berry, puis Dauphin, puis Roi, puis traître et parjure, puis rien.

Marie-Antoinette-Joséphie-Jeanne de Lorraine, Archiduchesse d'Autriche, naquit à Vienne le 2 de novembre 1755 : d'abord Princesse galante, altière et hautaine, puis Dauphine trop libre, puis Reine des-hontée, adultère, folle et dissipatrice; puis tribade, puis dilapidatrice, puis liberticide, puis prisonnière au Temple, puis incestueuse, puis à la Conciergerie, puis son procès, puis sa fin sur l'échaffaud, ainsi que son mari, et sa cendre à la Magdelaine à côté de la sienne.

(*Voyez leur Epitaphe à la fin.*)

PRÉAMBULE.

Observations préliminaires et introduction indispensable pour bien entendre la vie de Louis et celle de sa Femme ; car, en tout état de cause, il faut prendre langue sur quelque matière que ce puisse être, si l'on veut l'approfondir et la bien connoître.

L'homme judicieux, l'homme intègre et sensé, qui veut évincer de son esprit toute prévention dans ses jugemens, s'attache uniquement à la vérité.

Les erreurs furibondes ont beau crier, les vociférations de la rage ont beau retentir à son oreille, il ne s'en émeut point ; en un mot, celui qui est pénétrant, juste et lumineux, ne s'arrête qu'à l'intégrité, et n'a de respect que pour elle.

Pour lui, il est de régle qu'il ne faut pas s'en laisser imposer ; qu'en toute chose, il faut écouter le plaignant le premier. Or, voici ce que le peuple français dit , dans sa cause avec le despotisme.

Le ciel que je prends à témoin , et toute la terre avec lui , savait bien qu'il était juste et naturel que le véritable souverain , en rompant ses fers , brisât en même tems les instrumens de sa longue détention dans une dure captivité. Il était juste , indispensable même , qu'il anéantît ses tyrans inhumains et sanguinaires , afin de ne pas retomber sous le joug homicide de leur tyrannie.

Cet argument paraît sans réplique ; néanmoins écoutons la bruyante aristocratie , amie et soutien du despotisme.

Elle émeut toute l'Europe , et crie vengeance comme si on lui avait fait les plus affreuses injustices.

Elle invoque la divinité , et traite de forfaits , de profanation , de sacrilège , la revendication que le peuple a fait de ses droits qui lui avaient été usurpés , et cela , parce qu'il l'a fait à main armée , comme s'il lui avait été possible d'employer des moyens pacifiques avec des tigres.

Chose singulière ! la partie adverse prétend mettre Dieu de son côté , en abjurant la Raison ; surtout elle se gendarme contre l'horrible philosophie qui a préparé ses revers, et qui entretient le feu sacré de la liberté. Sans doute qu'elle sent qu'elle peut d'un de ses éclairs dissiper les ténèbres si favorables à la gent aristocratique ; sans doute que l'orgueil lui dit que, sans elle, le despotisme pourrait renaître de ses cendres, et sortir encore une fois de-dessous ses ruines antiques, où il a été plongé par la céleste Uranie.

Eh bien, non ! car jamais on n'a **vu** la lumière rétrograder. Cette philosophie qui vous a fait choir de-dessus le trône élevé de la domination, finira par vous couvrir de poussière, et la postérité dira : le ciel soit loué ; les fraudes et les iniquités de la scélérate aristocratie ont été découvertes, et punies comme elles l'avaient mérité.

De ces considérations premières passons à d'autres.

Certes, on ne pouvait pas attendre une modération extrême de la part du peuple, dans l'action de rompre ses chaînes avec violence. J'en dis autant de celui qui les avait forgées, parce que se trouvant blessé à mort par leurs éclats, il s'est trouvé dans une crise convulsive et désespérante. Toutefois voici la différence.

C'est que l'on peut certifier que, s'il y a eu des malheurs et des crimes de commis par le peuple, il n'était que trop autorisé à user de représailles avec ses ennemis, qui, de tems immémorial, en avaient commis une si grande quantité d'autres, en le tenant sous le joug rigoureux de la verge de fer, exerçant contre lui tout ce que pouvait suggérer la plus affreuse tyrannie, et cela durant des siècles.

Au surplus, quelle témérité n'était-ce pas à la horde aristocratique de vouloir s'opposer à la détente d'un ressort immense qui avait été comprimé si long-tems par la violence ? certes, il fallait avoir perdu la tête, ou être enragé.

Pour parler sans figure, il est bien clair et bien démontré que l'aristocratie avait commis des millions d'excès, et qu'elle voulait continuer d'opprimer; donc elle n'a eu que ce qu'elle a bien mérité. Oui, tout ce qu'elle avait fait, et tout ce qu'elle voulait faire encore, étaient autant de forfaits réfléchis et médités, tandis que les égaremens du peuple ont été, en grande partie, nécessités.

Il résulte de ce que nous venons de dire que, sans la plus mauvaise foi, on

ne saurait disconvenir que c'est là l'exposition pure et simple de l'état des
choses , avant et depuis la révolution ;
exposition , par conséquent , dans laquelle l'impartialité reconnaîtra sans
peine la stricte vérité.

Mais à-propos de cette déesse , combien peu de gens se guident par elle !
rien de si rare que les hommes qui la
prennent pour leur guide ! c'est la prévention , c'est le mensonge , c'est le
monde , surtout , qu'on écoute.

Puisqu'il en est ainsi , il faut dire
pourquoi cet être bizarre , appellé le
monde , dirige presque seul l'opinion
générale , qu'il faut pourtant bien distinguer de l'opinion publique , toujours
saine , lorsqu'elle n'est pas corrompue
par le faux oracle.

De la Fausseté et de sa Rivale.

Sous le nom de fausseté , nous enten-
dons le monde dont nous allons parler ,
lequel ne sera point notre guide , attendu qu'au préjudice de sa fortune , et
même au péril de sa vie , un historien
ne doit avoir égard qu'à la vérité ; ainsi

les passions, les préjugés et les intérêts divins ne doivent nullement l'influencer; tout doit fléchir et se taire devant cette auguste divinité.

Vous êtes sévère!

Il faut l'être; car les passions transforment tout ce qui se fait sur cette terre sublunaire, et le monde qui est leur écho, leur est tellement subordonné, il est tellement dans leur dépendance et dans leurs intérêts, que, de concert avec elle, il métamorphose toutes les actions des hommes à leur gré, si bien qu'elles sont vicieuses ou justes, selon leur caprice.

Plus que tout cela, ce caméleon blâme aujourd'hui ce que hier il avait loué à outrance; il n'est pas plus embarassé de passer d'une extrêmité à une autre, que pour se dédire et se contredire.

Bruyant et tumultueux, aux champs comme à la ville, il adore, ou il pend, selon le vent.

Ce meneur éternel, sans foi, sans loi et sans principes, tranche sur tout et se rend maître partout où il a accès, et il n'est étranger nulle part, excepté dans le temple de la vérité : ainsi partout il va semant ses oracles pour lesquels il exige une créance aveugle de tous les humains.

L'insensé va plus loin. Sous les noms usurpés de peuple ou de public, sur lesquels il empiète d'une manière révoltante, cet être fou, furieux, méchant et inconséquent, qui est le moteur de tous les désordres, qui souffle en tous lieux la discorde et la guerre, se croit très-beau, très-bon, très-spirituel, bien disert, et fort nécessaire.

Encore un coup de pinceau pour le faire mieux connaître.

Il est hermaphrodite, ainsi il change de figure et de costume à volonté ; il est, en outre, la trahison, l'égoïsme et la scélératesse personnifiée, malgré sa bêtise : surtout, il est l'idole accomplie de l'ignorance, l'oracle à qui elle se fie, et dont elle prône les talens et le mérite.

Le monde a prononcé ; donc cela est, dit la fille de la stupidité.

Eh ! bon dieu, citoyens, laissez-là le monde et ses échos ; laissez-là leurs crimes, leurs fureurs, leurs mensonges. Croyez-moi, préférez la vérité, et vous vous montrerez enfin ce que vous devez être. Assez et trop long-tems vous avez été abusés, et les victimes de la horde scélérate et traîtresse.

La différence de ce que dit et fait le monde, à ce que dit et fait la vérité, est très-sensible, pour peu qu'on veuille y faire la moindre attention; car, tandis que le premier vous accable de caresses ou d'injures, qu'il vous loue à outrance, ou qu'il vous calomnie; tandis qu'il vous prévient toujours pour ou contre les objets dont il vous entretient, la vérité, peu prévenante et peu jaseuse, se tient à l'écart, se tait jusqu'à ce qu'elle soit interrogée et qu'elle puisse bien dire.

Son maintien, quoiqu'infiniment aimable, tient un peu à l'austérité: il faut, au surplus, l'aborder avec des attentions particulières, et ne lui pas faire des questions prématurées, ou elle se voile et disparaît.

Fidèle compagne de l'adversité, elle fuit le bruit et le tumulte; elle aime la retraite. C'est-là qu'elle entretient ses disciples avec un charme inexprimable de l'avantage qu'ils ont de la connaître.

Souvent cette divinité se cache sous des décombres; ainsi, nous allons fouiller sous les débris d'un tronc antique, d'où elle fut toujours écartée, malgré les chants du signe de Cambray, pour l'y introduire.

Trône superbe ! qui insultait à l'humanité, tu ne serais pas brisé et renversé dans la poussière, si ceux qui siégeaient sur l'or et la pourpre qui te couvraient, avaient entendu la voix de l'innocent opprimé ; mais c'en est fait, après avoir bravé les orages pendant des siècles, te voilà anéanti par celui à qui rien ne résiste, quand il manifeste son pouvoir suprême.

C'est là, c'est sous les vestiges du dais qui ombrageait l'orgueil des rois et celui des grands de la terre, que nous allons chercher celle qu'ils rebutaient sans cesse, celle que chacun demande pour les autres et craint pour soi.

O hommes pusillanimes ! combien vous redoutez encore la lumière, même la plus salutaire ; qui peut ainsi vous écarter d'elle ? les vices, la folie et la paresse. Que je vous plains ! que vous connaissez peu votre intérêt, de mépriser votre bonheur pour courir après des spectres et des chimères ; car il n'est que trop vrai que la très-grande majorité de l'espèce ne voudrait pas acheter d'un quart d'heure d'attention la science infuse, si elle pouvait s'acquérir à ce prix.

Cette apathie, cette insouciance et cette paresse, pour acquérir des lu-

mières, sont bien funestes à l'espèce humaine, parce que, faute de
connaissance, elle ne s'occupe que de
sottises, de préjugés, de folies et de misères, ce qui la fait vivre dans un abrutissement, un désordre dont elle est
journellement la victime; car, il faut
le dire, l'aveugle ne peut pas distinguer
un diamant d'une pierre ordinaire, ni
l'ignorant ce qui peut lui être avantageux, c'est pourquoi ils se trompent
tous deux.

Les gens bruts sont comme ceux qui
ont une fièvre continue; ils n'ont pas
d'instant lucide; ils sont aujourd'hui
ce qu'ils étaient hier, c'est-à-dire, les
échos perpétuels de leur routine, de
leurs préjugés et de leurs habitudes. Les
preuves à ce sujet ne sont que trop mul-
tipliées, par conséquent il est inutile
de les administrer.

C'est un grand malheur pour tous les
hommes que leur obstination à ne pas
vouloir ce qui leur serait infiniment
avantageux pour eux-mêmes et pour
la société; mais c'est une faute punis-
sable dans ceux qui ont le timon des
affaires en mains, de ne pas vouloir
s'appliquer à tenir le gouvernail, afin
d'empêcher la barque de *chavirer*.

Quiconque fait un métier, est tenu

de savoir le faire , sous peine de blâme
et de punition plus grave. Or , Louis
était parfaitement étranger au métier
de la royauté , le plus compliqué et le
plus difficile qu'il y ait , pour le bien
faire ; car , indépendamment de beaucoup de capacité et de lumière , il exige
encore très-impérieusement une appli-
cation et un travail immense. Notez
bien que qui que ce soit ne pouvait sup-
pléer en France au bien immense que
pouvaient faire ses rois , s'ils avaient eu
la volonté éclairée de bien faire , puisque leurs décisions étaient , pour ainsi
dire , irrévocables, comme les décrets
du ciel.

A cent mille lieues de ses devoirs ,
Louis se circonscrivit dans le cercle
étroit des préjugés , des petites pratiques de catholicité et autres misères.
Il vécut dans la pusillanimité et en si-
barite, comme son ayeul, et fut le même
toute sa vie , malgré les changemens
que nécessitaient les circonstances. Le
pauvre homme avait , avec l'entêtement
qu'ont les bêtes , la manie des sots , qui
est de ne pas démordre de leur opinion.
Il avait une prédilection extrême pour
le clergé et pour la noblesse ; mais il
finit par s'aliéner ces deux ordres par

son hypocrisie, cent fois plus infâme dans un monarque que dans un particulier. Ainsi, quelques vertus privées ne pouvaient pas racheter les maux incalculables qui étaient les suites de ses vices, non plus que les malheurs dont son impéritie était cause.

En sa qualité d'ignorant, il usa du privilége abusif qu'ils s'attribuent, c'est-à-dire, qu'il confondit le peuple avec une populace effrénée qui ne s'agite et ne se meut, pour l'ordinaire, que par des scélérats qui la soudoient.

Il ne sut pas distinguer celui qui ne veut que paix et aise, liberté et sûreté, d'avec la canaille qui ne veut que le désordre, la destruction et la ruine de la société, parce qu'elle croit profiter de ses désastres. Ce monstre femelle ne voit pas qu'après s'être gorgé de pillage et de sang pendant quelques tems, il doit nécessairement s'entre-dévorer lui-même.

Cette façon de voir, qui fait tout confondre, prouve, sans réplique, l'indispensable nécessité de l'instruction, sans laquelle rien ne peut s'ordonner et avoir une tendance au bien général, bien par excellence, qui doit être la

boussole de tous les hommes , mais
spécialement des fonctionnaires pu-
blics , plus particulièrement consacrés
au bonheur de la société.

VIE ET MORT

DE

LOUIS CAPET

CHAPITRE PREMIER.

J'AI dit deux mots sur le monde , j'ai fait
sentir les dangers des préjugés, ceux de
l'incurie et de la faiblesse ; j'ai fait connaître l'empire que l'habitude exerce sur les humains qui manquent de lumière ; j'ai fait
voir que c'était l'ignorance qui avait créé
la tyrannie et tenu les peuples dans la servi-
tude et l'abrutissement pendant des siècles.
Il s'agit maintenant de faire toucher au doigt
cette autre vérité importante , c'est-à-savoir,
que la mesure des iniquités des rois, des
prêtres et des grands , débordait, depuis
long-tems, en France.

Rien n'est plus probant à ce sujet que le tissu de leurs manœuvres sacriléges.

Tout ce qui était revêtu de quelqu'autorité, était coalisé et conspirait, sans cesse, contre le peuple. Cette ligue terrible, formée-de tant de complices, le serrait tellement dans ses griffes, qu'elle étouffait en lui la pensée et le sentiment. Or, dans cette gêne, dans cette contrainte perpétuelle, tout ce qui lui était loisible et permis de faire, c'était de prodiguer ses sueurs et son sang, pour payer ses tyrans.

Les rois avaient à leur commandement des satellites qui, au moindre signe de leur part, allaient dévaster des contrées entières, chasser, égorger ou brûler quiconque leur déplaisaient, ou faisaient la moindre résistance à de simples commis de finance.

Les prêtres rampans à la cour, et tyrans aux autels, fomentaient les terreurs paniques du peuple, et secondaient les exécrations de la cour par le fanatisme et la superstition.

C'est Dieu, disaient ces monstres, qui vous afflige, pour vous punir de vos crimes et de vos péchés ; c'est lui qui verse sur vous les malheurs et toute sorte de calamités ; donc, ne vous en prenez qu'à vous-mêmes, si vous êtes affligés, à cause de votre indocilité envers vos supérieurs , qui sont l'image de la divinité sur la terre. Le ciel est irrité de votre manque de foi et de votre peu de réspect envers nous , qui sommes ses interprêtes, et il vous punit.

C'était par ces astuces frauduleuses et leur hypocrisie , qu'ils soutenaient leurs prestiges ; c'était par les préjugés que les tartufes liaient et garotaient les hommes au double joug de l'église, sans lequel il n'y avait point de salut, et au maintien des rois sans lesquels il n'y avait qu'anathême.

Toujours dans la crainte, l'abattement et la consternation, le peuple ne faisait que tendre des mains suppliantes vers les simulacres des dieux, ou plutôt des diables, qui tous étaient également sourds à ses prières.

Quelle stupidité , disaient les perfides dans leurs barbes ! Les scélérats se réjouissaient de pouvoir ainsi abuser l'espèce humaine par leurs artifices.

La noblesse, la finance et la robe étaient d'autres arc-boutans de l'autorité arbitraire à laquelle ils participaient; aussi étaient-ils également inexorables dans leurs procédés.

Les

Les outrages et les vexations contre le peuple étaient leur passe-tems ordinaire ; toute plainte était criminelle, et les sanglots traités de rébellion. Les tortures, les vexations, les supplices et la mort étaient à leurs dispositions : rien ne pouvait mettre à l'abri de leurs cruautés et de leurs injustices. Les parlemens, de leur côté, ces prétendus tuteurs du peuple, renchérissaient sur tout cela par le sang-froid dénaturé avec lequel ils condamnaient leurs victimes. Les membres épars et pantelans d'un homme tenaillé, déchiré, était pour eux un spectacle agréable.

Cette domination qui imprimait la terreur, faisait croire aux bourreaux du peuple qu'il était impossible que cet état de choses pût changer, et cela, avec d'autant plus de fondement, selon eux, qu'elle est à-peu-près partout la même sur la surface du globe, ce qui leur donnait cette sécurité imposante qui empêche de croire aux dangers, ou qui les fait braver lorsqu'ils paraissent.

Maîtres de tout, possédant et disposant de la foudre, de l'opinion générale et des richesses, ils ne faisaient chaque jour qu'aggraver leurs cruautés, parce qu'ils avaient

en leurs mains tous les moyens d'appésan-
tir nos chaînes qu'ils avaient rivées à l'airain des préjugés.

Toute la horde subalterne qui vivait des
crimes ou des abus des grands, leur était
dévouée, ainsi que l'habitude qui maîtrise
souverainement toutes les ames lâches.

Que de raisons, pour se croire inexpu-
gnables dans toutes leurs possessions ! mais
il est un terme à tout. Le gouffre effrayant
que les dilapidations avaient creusé, était
ouvert, le trône et tout ce qui tenait à lui,
étaient au bord de l'abîme ; l'égoïsme des
grands ne voulut rien faire, pour le soutenir, il était juste qu'il le fit tomber le premier.

Tel était l'état des choses, à l'instant de
la crise de la liberté qui a tout renversé et
tout changé en France,

Une étincelle d'air inflammable, jaillie
d'un grenier, s'est communiquée avec la
rapidité de l'éclair à toutes les têtes chaudes
qu'elle a pénétrées. Ce feu s'est ensuite
dirigé, en se partageant en rayons égaux
et divergens, vers toutes les matières
combustibles du territoire français. Or, cet
embrasement universel a réveillé le souverain qui dormait, depuis long - tems, d'un

sommeil léthargique. Il se leve, prend une attitude fière et imposante, et dit : Je le vois, on m'avait assoupi avec des philtres et des breuvages empoisonnés, pour me ravir ma dignité et mes droits; mais je sens ma force renaître; je me sens en état d'écraser tous mes ennemis à la fois. Il s'arme de la foudre, il frappe et renverse tout ce qui lui fait obstacle. La persuasion, la justice et la raison l'accompagnent : avec le secours de ces divinités tutélaires, il fait des exploits inouis; plusieurs monstres redoutables tombent sous ses coups, et il a juré de ne prendre aucun repos que lorsque leurs semblables seront pulvérisés; mais laissons le continuer ses travaux héroïques et dignes de lui, et achevons d'exposer aux yeux des lecteurs la masse des événemens qui ont précédé ou suivi la révolution.

Il faut en convenir, ces faits paraissent tenir à quelque chose de surnaturel, tant l'explosion du Volcan a été extraordinaire et rapide. Rien de semblable, ni même d'approchant n'est arrivé sur la terre. Or, c'est cela, sans doute, qui fait douter aux puissances étrangères et à tous les intéressés que le prodige puisse se soutenir et se perpétuer. A ce sujet, ils pourraient encore ajouter nos divisions, la guerre civile et l'anarchie ; mais tout cela n'est que temporaire, tandis que la nation est durable. D'ailleurs, on peut opposer à l'ordre des choses actuelles la tyrannie qui s'est bien soutenue pendant des siècles, avec tant de vices destructibles de son existence. Si donc le gouvernement despotique, si immoral, a triomphé de toutes les vertus , et a duré un laps de tems si considérable sur cette terre fertile en gens de génie, pourquoi, à son tour, sa rivale ne triompherait - elle pas de tous les obstacles ?,

Oh ! il n'en est pas de la liberté comme de l'esclavage. Les hommes, tels qu'ils sont, favorisent trop le dernier sistême, pour prétendre encore de long-tems à établir le premier. Ne voyez-vous pas que, généralement parlant, ils sont encore trop avant dans les ténébres , trop stupides et trop grossiers pour embrasser la liberté. Qu'ils soient mûrs ou non, pour se ranger du parti de cette déité, par sentiment et par affection, nous devons la leur donner, afin qu'ils puissent sortir de l'obscurité, puisque sans cela la chose est impossible; car ce n'est pas tandis que l'espèce humaine est ensévelie dans un profond cachot, qu'elle peut voir et chérir la lumière.

Le tems seul découvre tout, et confirme ou détruit les miracles.

Le fait est vrai; mais un instinct secret nous dit que l'événement aura une issue heureuse, malgré les exaspérés.

CHAPITRE II.

SI nous ne nous sommes pas abusés, les détails dans lesquels nous sommes entrés, étaient nécessaires, et devaient indispensablement précéder la vie de Louis; car, c'est en remontant aux causes que l'on apprécie mieux les effets. Nous n'imiterons cependant pas la puérilité de ces gens qui veulent tout dire; ainsi nous ne nous appésantirons pas sur les minuties de l'enfance de l'homme dont nous traçons l'histoire.

La munificence de son berceau nous touche peu, ainsi que les belles choses qui furent dites ou prêtées à la poupée, tandis qu'elle était à la bavette.

Nous passons donc sur le champ à sa jeunesse.

Pour son malheur, Louis le dernier naquit prince; pour son malheur, son berceau ne fut entouré que de corrupteurs , de singes , d'hypocrites et de fanatiques ; pour son plus grand malheur, il reçut le jour d'un père très borné et très-bigot, et dans une cour orduriere où régnait un vieux sardanapale aussi indolent qu'indifférent à la chose publique , n'ayant en recommandation que la chasse et ses maîtresses qui lui faisaient faire tout ce qu'elles voulaient.

D'un autre côté , une virago stupide donnait l'exemple journalier de ce que peut le cagotisme à la place d'une religion éclairée. Sa grand'mère scandalisait tous les gens de bon sens par les pratiques triviales de la superstition que dicte l'imbécillité.

Fils d'une mère qu'il ne connut point et d'un parricide mis au nombre des saints par des prêtres fanatiques , ce pauvre marmot fut plus mal élevé qu'un enfant de la pitié à qui on fait porter un cierge dans les cérémonies funèbres. Il se ressentit toute sa vie d'avoir été à l'école de l'ineptie ; car jamais il ne voulut apprendre à connaître les hommes et ses devoirs , et bien moins à faire état de la vérité.

Il n'eut donc , ni ne pouvait avoir que des idées obscures , fausses ou retrécies sur la place de roi qu'il devait occuper un jour.

Après cela, est-il étonnant qu'il l'ait si mal remplie, lorsqu'elle lui fut échue. Enfin, il faut le dire, à Versailles, c'était à qui renchérirait de bêtises ; le château était rempli de baladins et de bamboches que l'on payait, et qu'en outre on pensionnait chèrement.

Un seul trait va faire juger du reste. Rien de beau et de bon ne pouvait pénétrer dans ce lieu de ténèbres et de corruption, de manière que le ridicule croissait en proportion du bien qu'on entendait dire par les étrangers de quelques productions extraordinaires ; c'est ce qui fit que l'on mit Jean-Jacques sur la scène avec tant de succès. Jamais pièce n'amusa tant la cour que celle où l'on jouait un personnage recommandable par ses vertus et ses lumières. Elle croyait se venger de la philosophie par la dérision ; mais elle apprit depuis à ses dépens que les rieurs ne sont pas toujours du côté de l'insolence et de la bêtise.

Certes, il ne faut pas insulter aux morts, ni à la misère, et ce n'est pas mon intention ; mais l'histoire exige impérieusement qu'on lui sacrifie toutes les considérations humaines, parce qu'elle est faite pour instruire, et non pour flatter.

B 4

Louis, dauphin, pere de Louis XVI, étant mort, son fils aîné lui succéda dans la place d'héritier présomptif de la couronne.

J'abrège et je dis qu'il fut marié quelques années après à Marie-Antoinette d'Autriche qu'il aima trop, et qui le perdit.

Dix-huit mois s'étant passés, sans que la dauphine donna des signes de grossesse, on faisait courir des bruits peu favorables sur son mari. A la fin de la seconde année de leur mariage, les choses changerent. Alors le ciel fut importuné de vœux indiscrets, et les saints priés et invoqués, afin d'obtenir un dieu mâle et une heureuse délivrance.

Il ne plut pas à la nature de changer ses loix ; la dauphine accoucha d'une fille ; mais cela fit concevoir l'espérance d'une meilleure réussite à la premiere occasion.

Sa majesté quinzième étant périe misérablement, son petit fils monta sur le trône. Il remit avec générosité le don de joyeux avènement au peuple, ce qui le fit adorer, hélas ! bien prématurément ; car il ne le méritait d'aucune maniere, attendu qu'il était sans mérite et sans capacité pour régner.

Il est si vrai qu'il n'entendait rien dans

le métier, qu'il s'était fait chasseur et serrurier, pour se désennuyer. Il croyait, au
surplus, qu'à l'imitation de son ayeul, il
n'avait autre chose à faire, que de songer
à ses plaisirs et à recevoir l'encens des ministres et des courtisans qui faisaient, comme
à l'ordinaire, des édits avec de beaux préam-
bules précédés de ces mots magiques pris
dans les urnes célestes.

*Louis, par la grace de Dieu, roi de
France et de Navarre*, et terminés par
cette série d'impertinence orientale :

*De notre certaine science, pleine puis-
sance et autorité royale; car tel est notre
bon plaisir;* et, ce qu'il y a d'aussi étonnant
que l'imbécillité des sultans et l'audace de
leurs visirs, c'est qu'on ne réclamait pas
contre tant d'insolences. Rien ne prouve
mieux dans quelle abjection peuvent nous
jetter l'habitude, les préjugés et l'ignorance.

Malgré la pénurie de nos finances, on fit
faire un trône et un carrosse qui coûterent
des sommes immenses, et la pauvre badau-
derie allait en foule admirer les brillans co-
lifichets, et surtout la pompe triomphale du
sacre. L'infortuné, couvert et entouré d'or,
commé Midas, était loin de songer, dans
cette brillante auréole, que ces belles choses

seraient un jour métamorphosées en fer et en bois, pour lui ravir la vie; mais reprenons le fil de notre histoire.

CHAPITRE III.

Maurepas, dont le roi avait entendu parler, fut rappellé et mis à la tête du conseil. Cet homme, dont on fit un Nestor sur-le-champ, quoiqu'il n'en fût rien moins, fit rappeller le parlement pour des raisons à lui connues: ainsi les choses reprirent leur train ordinaire.

Le prétendu Nestor finit sa carriere, au bout de quelques années, sans avoir fait autre chose que du mal. D'autres fléaux lui succéderent, qui furent aussi adorés dans les premiers tems de leur ministere, et on ne sait pas aujourd'hui à qui de Necker ou de Calonne on peut attribuer le plus de calamités, après, le bon roi, leur maître, qui hélas! ne sachant rien de rien, qu'un peu son métier de serrurier, les laissait faire.

Il est vrai que la guerre de l'Amérique qu'il fallait soutenir contre les Anglais, vint dans ces entrefaites, et que le trésor royal se ressentit de la politique de Versailles.

Cette guerre coûta bien quelques cent millions, y compris les dilapidations de nos concussionnaires ; mais tout cela n'aurait rien été, si nous n'avions pas eu un oison sur le trône. Dans tous les tems, mais particulièrement dans la crise où se trouvait la France, le poids de la couronne était un fardeau infiniment au-dessus des forces du pauvre homme, qui n'était qu'entêtement, misere et faiblesse, comme nous l'avons prouvé par sa pusillanimité.

Ses partisans et les idolâtres de la royauté ont beau nous corner perpétuellement aux oreilles qu'il était sans vices et sans défaut, et même qu'il était sage et très-économe.

Certes, ces vertus privées sont beaucoup pour un homme ordinaire ; mais encore une fois, sont-elles suffisantes à un roi qui a, entre les mains le bonheur ou le malheur de vingt-cinq millions d'ames ? N'est-ce pas une chose avérée que c'est trahir l'humanité que de ne pas la secourir, lorsqu'on a le pouvoir de le faire ? N'est-ce pas se mocquer de dieu et des hommes que de s'amuser à tuer des lapins, ou à faire des serrures, au lieu de s'occuper des devoirs de la royauté, si nombreux, si instans et si compliqués.

Sans doute qu'un particulier intéresse par

la bonhommie ; mais un roi doit être toute autre chose qu'un bonhomme. Il résulte de cette considération que , sans l'idolâtrie qui avait déifié Louis, comme tous ses pareils , chacun de nous aurait été en droit de lui dire ce que cette Macédonienne dit à Philippe : *Cesse donc d'être roi , si tu ne veux pas faire ton devoir ;* ou en d'autres termes : « Abdique, puisque tu n'entends rien au » métier, et que tu joins l'insouciance à » l'incurie; car le peuple ne doit pas souf- » frir et périr pour tes menus plaisirs.

» Que mille malédictions soient pour toi, » si tu penses que tout est fait pour un , et » non pas un pour tous. »

Que croyez-vous que Louis aurait pu répondre à de telles interpellations et à de semblables apostrophes ? *Rien.*

Personne n'ignore que les pestes de cour lui fascinaient les yeux sur tous les objets, et que sa femme et ses frères l'obsédaient afin de lui faire faire leurs volontés. D'ailleurs, on sait avec quelle adresse les courtisans savent éloigner, dégoûter et détourner ces êtres appellés rois de toute attention aux affaires.

Pour cela , ils les livrent à des dissipations oiseuses, à la bonne-chère, à la paresse, et le tout, par attention pour le prince qu'il ne faut pas fatiguer par des abstractions ou des détails minutieux ; comme si, après avoir réglé les grandes affaires, les moindres pouvaient être indifférentes à ceux qui devraient être les bienfaiteurs de leur nombreuse famille dont ils se disent les pères.

Ah ! Saturne aussi était père, et on sait de quelle manière il se comportait avec ses enfans.

CHAPITRE IV.

Louis, l'ignare Louis, était imbu de cette croyance monstrueuse que tout était fait pour un ; donc, il agissait en conséquence.

Cette idée pernicieuse, qui a régnési long-tems sur la terre pour le malheur du genre humain, tirait son origine de la théocratie ; car on sait les horreurs et les infamies que commirent les prêtres, sous la domination des dieux, envers lesquels il fallait une connaissance aveugle. Donc, sous prétexte de désarmer leur colère, ou pour en obtenir des faveurs, on leur faisait des sacrifices

de toute nature , dont les prêtres impos-
teurs et cruels profitaient.

Des hommes, des enfans , des vierges
furent immolés en victimes propitiatoires ,
pour obtenir la cessation de certains fléaux ,
ou la victoire. Or, les roitelets qui succédè-
rent à ces divinités mensongères , ne man-
quèrent pas de s'arroger les mêmes pré-
rogatives, et l'encens qui fumait sans cesse
autour du trône des plus pervers , ne sem-
blait que trop les autoriser à avoir le même
culte , et à se faire adorer comme leurs prédécesseurs.

Effectivement, n'avaient-ils pas, comme
Jupiter , Neptune et Pluton , la foudre en
main , l'empire de la mer et celui des en-
fers ? Ne faisaient-ils pas égorger cent fois
plus de victimes ? Ne faisaient ils pas passer
l'Achéron et le Cocyte, par le feu , le fer
ou le poison , à qui leur déplaisait ? Ne
trouvaient-ils pas, ô honte ! ne trouvaient-ils
pas des satellites et des bourreaux dans l'espèce humaine, qui secondaient leurs crimes,
et servaient leur fureur ou leur faiblesse ?

Comment donc , après des pouvoirs aussi
illimités, n'auraient-ils pas regardé la terre
comme leur appartenant toute entiere avec
ses productions , et les hommes comme des

oisons qu'ils pouvaient dévorer sans scrupule ; seulement ils se croyaient tenus de faire part de leurs débris à leurs mignons et à leurs pourvoyeurs.

Enfin, il est de fait que tous les rois à puissance illimitée ont toujours été autant de Poliphêmes.

L'empire Ottoman, la Russie et une grande partie de l'Allemagne en sont des preuves vivantes ; et, sans chercher si loin, parmi nous, que d'horreurs nos meilleurs princes n'ont-ils pas commises par des raisons spécieuses, et même pour leur bon plaisir ?

Nous avons promis la vérité toute entière, ainsi nous devons dire que Louis ajouta l'hypocrisie, la trahison et le parjure à son ineptie. Or, ce sont-là des crimes et des forfaits exécrables ; mais selon les préjugés dont il était imbu, selon ce que lui disaient tous ceux en qui il avait confiance, résister au torrent ou feindre, était prudence et vertu.

Charles IX crut faire une œuvre méritoire de tirer sur les Huguenots, parce que sa mère et un prêtre qui avaient son oreille, le lui avaient persuadé. Louis aussi faible, aussi ignorant était aussi, par-dessus cela, très-fanatique. Engoué du pouvoir arbitraire dont avaient joui ses ancêtres , il agissait en conséquence. C'est pourquoi , dans son ame étroite , il regardait un roi constitutionnel comme un zéro , ou même comme un sujet de dérision , tandis que s'il eût accepté , il eût été un dieu tutélaire ; mais pour cela il aurait fallu qu'il eût été un autre homme.

La lumiere blesse les gens qui ont toujours vécu dans les ténèbres ; ils la repoussent de toutes leurs forces , et prennent dans une aversion extrême ceux qui la leur présentent ; c'est, disent-ils, leur faire une violence accablante que de les tourmenter de la sorte.

Louis, qui était du nombre , se plaignait amèrement à ceux qui l'entretenaient dans son aveuglement, des tentatives que les patriotes faisaient sans cesse, pour lui faire abjurer ses erreurs qui pouvaient lui devenir funestes. Or , ses prétendus amis se prévalaient de ses confidences pour le mieux enchaîner à leur parti. Ils le piquaient d'honneur , flattaient ses faiblesses et l'assuraient qu'il triompherait incessamment de cette nuée de sauterelles qui était sans force et sans projets arrêtés.

Plusieurs de ces énergumènes, (chose qui
paraît

paraît incroyable ,) assuraient à ce faible monarque qu'ils avaient eu des révélations du ciel : d'autres disaient de sainte - mere église , qui toutes étaient favorables à la cause de la royauté , et l'insensé croyait à ces révélations , comme le vulgaire croit au tireur de cartes , tant les passions sont crédules.

Cela nous montre combien il est aisé d'abuser de l'ignorance.

CHAPITRE V.

Ceux qui chantaient la palinodie du pauvre sire ne cessent de répéter qu'il était rempli de bonnes qualités ; qu'il était bon mari , bon ami , &c. La preuve qu'il était humain , c'est que jamais il n'a ordonné le meurtre , disent-ils.

L'ordonner ou le laisser commettre , cela revient bien au même. Tant de scenes sanglantes n'auraient pas eu d'exécution , s'il n'avait pas été fourbe et dissimulé.

Il était , sans doute , à cet égard , comme tant de gens qui sont indifférenspour tout ce qui ne se passe pas sous leurs yeux. Il suffit qu'ils ne soient pas spectateurs de scenes meurtrieres , qu'ils ne voient pas couler le sang , pour n'être ni émus, ni touchés.

Certes , un particulier hypocrite m'indigne ; mais un roi qui se dégrade au point de jouer ce rôle , me fait horreur.

Tout le tems que j'avais cru sa majesté très-chrétienne une créature bien lourde et bien bornée, j'en avais eu pitié; mais dès l'instant que je me suis apperçu qu'il avait de l'esprit comme les bêtes , je l'ai méprisé.

Un sire sans foi est le plus traître des hommes , parce que , pour l'ordinaire , on a confiance en leurs paroles.

Voici donc que le nôtre fait des protestations de civisme , des proclamations patriotiques pour les démentir sur-le-champ.

Sa fuite le perd dans l'esprit de la nation ; il boit les outrages en vrai lâche. Le pouvoir exécutif lui est ravi, il ne dit mot. La constitution vient, et il l'accepte purement et simplement. A peine est il pardonné et réintégré, qu'il refuse sa sanction aux trois décrets extrêmement urgens et salutaires.

La nation qui se sent indignement jouée encore une fois, gronde de toutes parts.

Le peuple de Paris qui voit de la connivence entre le monarque et plusieurs mem-

bres constitutionnels , s'assemble pour déli-
lib rer sur des griefs qui n'étaient que trop
notoires : on le disperse à coups de f sils et
de bayonnettes. La stupeur s'empare des
esprits ; chacun est sombre et garde un
morne silence , avant-coureurs de quelques
nouvelles catastrophes.

La législature succede à l'assemblée constituante , et ne sait, on ne peut rien faire
pour le salut public. De toutes parts, on ne
voit que misere , fureur et trahison. Le fau-
bourg Saint-Antoine s'émeut , vient à l'assemblée , et défile dans son sein. Il s'ache-
mine ensuite vers la demeure de Louis ,
dans l'intention de savoir pourquoi le refus
de sanction sur des décrets qui compromet_
tent le salut public. La porte se trouvant
fermée , on enfonce un panneau. Elle s'ou-
vre alors; le peuple entre en foule , et
monte chez le roi. Le fourbe arbore le bon-
net rouge , comme il avait jadis arboré la
cocarde nationale. Il en est quitte cette fois
pour cette cacade et quelques paroles am-
bigues qu'il donna à cette terrible ambas-
sade.

La cour et ses suppôts firent grand bruit
de ce panneau brisé, et les gens justes di-

saient : il fallait tenir la porte ouverte, et rien n'aurait été cassé.

On voulut sévir contre le peuple ; mais il n'y eut pas moyen, ce qui aigrissait de plus en plus les deux partis.

Le roi avait de fermes appuis dans plusieurs députés de la législation, comme il en avait eus dans l'assemblée constituante. Il avait le maire de Paris, les ministres et presque tous les généraux de nos armées dont il espérait merveille ; mais tout cela étoit surveillé par les assemblées populaires qui allaient arracher le masque de dessus tous les visages, malgré leurs cris et leur fureur.

Dans le tems que tout ceci se passait à Paris, les prussiens et les autrichiens étaient entrés en France, comme dans un pays sans défense. Deux de nos places fortes leur avaient été livrées, et il était mention qu'ils devaient incessamment se porter sur Paris, mettre cette ville en cendres et rétablir la royauté, &c.

On semait la division entre les soldats de ligne et les volontaires ; on faisait mourir de faim et de misere les patriotes ; on les accablait de travaux et de fatigues, afin de les rebuter du métier de la guerre. Partout on ne voyait que divisions, malheurs et querelles, et ceux qui trouvaient leurs intérêts à ces désastres, assuraient que tout allait autant bien qu'il était possible pour les occurences.

CHAPITRE VI.

Donc, tandis que les ennemis ravageaient nos frontieres, qu'ils avaient pénétré à plus de quarante lieues dans nos terres, que le roi faisait des traités secrets, que Lafayette et consors conspiraient, qu'on ourdissait une contre-révolution dans l'intérieur et à l'extérieur, les patriotes, comme autant d'Argus, se trouvaient partout, et faisaient avorter, autant qu'il était en eux, les conspirations, et expédiaient les conspirateurs.

Grand nombre de fédérés vinrent à Paris de tous les départemens, chargés de la mission importante de presser l'assemblée de déclarer si elle croyait avoir des moyens suffisans pour sauver la patrie en danger, de ne rien négliger, rien ménager pour cela, parce qu'ils étaient chargés de lui dire qu'il fallait la sauver à tout prix.

Celle-ci, sage une fois, ne trouva pas

d'autres expédiens que de se faire rempla-
cer par d'autres députés qui auraient tout
pouvoir sur cet objet, et donna des decrets
en conséquence.

Ces nouveaux représentans ne tarderent
pas à être assemblés sous le nom de Convention. L'ouverture de leurs séances se fit
avec éclat, et on en augurait bien.

L'aristocratie forcée de plier encore une
fois, eut recours à ses jongleries ordinai-
res, et de ses retranchemens cachés, elle di-
rigeait la ligue.

Au 10 août 1792, se passa la fameuse
scene des Thuileries.

Les fédérés réunis aux patriotes de Paris
voulaient savoir affirmativement si le roi
était disposé à être roi constitutionnel, ou
non. Ils s'étaient donc proposés de venir au
château en très-grande députation, afin d'a-
voir une réponse positive sur un sujet qui
touchait de si près la nation; bien résolus
à tous événemens, de ne se payer d'aucun
prétexte, ni d'excuses dilatoires; ils s'étaient
déterminés à y venir armés.

Cette nouvelle que l'on savait bien au château, puisque c'était le comité autrichien
qui l'avait fomentée, mit néanmoins la cour
en allarme. Ainsi le roi fit des préparations

hostiles de son côté. Les suisses, à qui on donnait triple paye depuis long-tems, vinrent à Paris de leur caserne de Ruelle et de Courbevoie. Il leur fut distribué force cartouches, ainsi qu'aux contre-révolutionnaires et aux chevaliers du poignard qui se trouvaient dans cette enceinte.

Le matin de cette journée mémorable, le roi passa l'armée royale en revue à cinq heures, dans le jardin. Là, il fut distribué de l'argent, de l'eau-de-vie et de magnifiques promesses à tous les soldats. On les endoctrina sur ce qu'ils avaient à faire, s'il se présentait quelques mutins : tout étant ainsi disposé, chacun prit poste.

Sur les neuf heures, les patriotes, selon qu'ils l'avaient annoncé, se présenterent dans la cour royale, dans l'intention de fraterniser avec ceux qui la gardaient. Vingt ou trente d'entr'eux qui avaient été députés vers les suisses, reçurent l'accolade amicale, et retrogradcrent, pour porter cette nouvelle pacifique aux leurs ; mais, comme ils s'ébranlerent tous à la fois, pour accomplir leur mission, les suisses se diviserent en deux parties égales, de chaque côté d'une batterie de canon qui fit feu en même tems que l'on tirait de toutes parts, et pa les fenêtres du château. Cette décharge inattendue de fusils et de canons chargés à mitraille fit de grands ravages parmi les patriotes, et les rendit furieux. Ils ripostent et demandent à grands cris des canons ; ils reçoivent une seconde et troisieme décharge qui mettent grand nombre de sans-culottes sur le carreau. La gendarmerie arrive avec quelques pieces légeres ; on se bat avec acharnement ; mais le parti populaire gagne du terrein , tandis que les royalistes reculent ; enfin la place est emportée , et tout ce qui se trouve dans le repaire des traîtres, est massacré.

Dès que le roi apprit l'arrivée des diables, il eut une si grande frayeur , qu'il s'enfuit du château avec sa famille , pour se refugier dans l'assemblée nationale.

Cette derniere affaire le fit regarder avec horreur par les uns , et avec un souverain mépris par tous , même par ses amis. Le décret de sa déchéance fut lâché , et , de l'asile qu'il s'était choisi , il fut transféré dans la grosse tour du Temple que l'on fit flanquer d'un nouveau mur de vingt pieds de haut , de même qu'on avait pris toutes les autres précautions, afin de s'assurer de sa personne à tout événement. Il ne sortit

(43)

de cette prison que pour être interrogé, condamné et exécuté ; ce qui arriva le 21 de janvier 1793.

Monarques de la terre, quelle leçon pour vous ! tremblez !.. Que Louis vous apprenne par sa mort qu'il faut régner pour le peuple, et non pour de lâches flatteurs, pour d'indignes courtisans qui vous méprisent et vous trompent.

O vous donc, princes superbes, qui croyez avoir le privilége d'être sots et orgueilleux, qui croyez pouvoir tout sacrifier à vos caprices, ne vous fiez pas au vent de la fortune, car il est bien changeant. Race de rois, apprenez ce que peut le souverain légitime, lorsqu'il se met en tête de l'être. Il renverse les trônes qui paraissent les mieux affermis ; il foule aux pieds la pourpre et tous les objets avec lesquels on lui en avait imposé. A sa voix, toutes ces couronnes, ces sceptres d'or, ces décorations étoilées, sont brisés, anéantis, les monumens de la flatterie renversés et couchés dans la poussière. Plus que tout cela, le fils de cent rois, et roi lui-même, expie sa perfidie comme un individu ordinaire : il expire, et ses restes sont à côté de ceux d'un de ses palfreniers.

Fortune inconstante , fortune traîtresse !
que tu fais payer cher tes faveurs , puisque
tu fais descendre un des plus grands pόten-
tats de la terre de dessus un trône superbe ,
pour le faire monter sur un échaffaud.

CHAPITRE VII.

De la nécessité de l'Instruction.

ON a vu que la vie entiere du feu roi
dépose en faveur de cette importante vérité ,
que l'homme sans lumieres n'est capable que
de méprises , d'erreurs et de crimes ; qu'il
est à la merci du premier fripon qui s'empare de son esprit, pour le conduire d'a-
bîmes en abîmes ; qu'il péche sans cesse
contre le sens commun , croyant bien faire.
Ainsi l'homme, prévenu et guidé par l'erreur , agit conséquemment à la volonté de
sa directrice.

Il va plus loin , il cite le monde à ses faux
principes, et veut soumettre l'univers au
tribunal de sa conscience , ce qui prouve
d'une maniere invincible que non-seulement
les maux de l'ignorance sont incalculables
dans les mains de ceux qui ont la puissance

suprême, mais qu'alors, ils sont sans re-
medes.

C'est donc une fatalité inévitable que tous
les désordres assaillissent à la fois un état
quel qu'il soit, lorsqu'il est au pouvoir de
la stupidité, fille disole de l'ignorance.

Ah ! malheur, et trois fois malheur à un
empire gouverné par des aveugles, sous
quelque dénomination qu'ils tiennent les
rênes de la chose publique.

Néanmoins, il est à remarquer que les
maux sont plus accumulés, plus rapides et
poignans, lorsque le pouvoir de la souveraineté est livré à une démocratie vicieuse,
ignare et turbulente, à une démocratie qui
ne veut reconnaître pour loi que sa volonté
instantanée, qui ne lui fait commettre que
des horreurs, des massacres et des injustices.

De ceci on peut conclure que le gouvernement populaire, est celui par excellence,
lorsqu'il est motivé et tempéré par les vertus et les lumieres, et le pire de tous,
comme nous venons de le dire, quand c'est
le contraire.

Tout veut que le souverain se soumette à
des loix qu'il s'est faites à lui-même, parce
qu'il les regarde comme le garant de son

existence sociale, de sa sûreré et de son bonheur.

Or, dans cet état de choses, un individu, quelqu'il puisse être, ne tentera jamais de substituer sa volonté partielle à celle qui fait sa prospérité, et qui, d'ailleurs, est émanée du tribunal suprême auquel il a adhéré.

Il fera plus le souverain éclairé; non seulement les actes de sa souveraineté porteront le sceau de la raison, mais il ne confiera la manutention temporaire de ses pouvoirs qu'à des agens fideles, qu'à des citoyens lumineux et sans reproches, qu'à des hommes revêtus de l'estime générale, qu'à de ces êtres affamés de civisme, qu'à des gens d'un grand caractere, toujours prêts à se dévouer au salut de la chose publique, en un mot, à se sacrifier pour la justice.

Si bien que, dans un pareil état de choses, un empire, ainsi administré, devient la terreur de tous les brigands du dehors et du dedans.

Ce serait-là, dira-t-on, la république de Platon; j'en conviens; mais qu'on m'en montre une d'une autre espece, qui soit ou qui puisse être prospere, et nous laisserons-là Platon et sa logique divine.

Les pygmées à courte vue ne veulent pas que l'on puisse tout faire , que l'on puisse tout obtenir des hommes par l'instruction , parce qu'ils ne peuvent pas sortir de leur sphère. Les prodiges, à cet égard, qui démentent toutes les assertions téméraires , ne nous manquent cependant pas; mais il faut convenir que c'est peine perdue que d'entreprendre l'impossible , et qu'envain on echaffaudera et on bâtira des édifices en l'air , qui s'écrouleront tous , avant que d'être achevés, si à chacun on ne pose pas la pierre fondamentale qui leur donnerait la consistance nécessaire.

Que ceux qui pensent le contraire, veulent bien recourir à l'expérience , et ils verront si ce que j'avance, n'est pas confirmé par elle.

La raison, avant les publicistes, nous avait appris que les droits de tous, mis en commun pour l'avantage de la sociéié et le bonheur de chacun en particulier, n'avaient besoin que d'être apperçus , pour être sanctionnés; mais encore faut-il cette perception, sans laquelle l'objet reste caché , faute de lumieres. Conséquemment à cette vérité éclairez les humains, avant de rien entreprendre , ou les ténebres prévaudront

toujours davantage : si on regarde cette per-
fection de l'espece humaine comme chimé-
rique, il faut renoncer à ce qu'on appelle
gouvernement populaire, attendu qu'il né-
cessite, plus impérieusement que tous autres, de grandes vertus et de grandes lumieres.

Sans ces sublimes régulateurs, le gouvernement démocratique n'est qu'un déborde-
ment perpétuel de fureur, un tissu de crimes, un gouvernement atroce où la tiran-
nie, l'anarchie et l'oligarchie se disputent
à qui fera le plus de victimes, un gouvernement enfin où tout est sacrifié à un mons-
trueux égoïsme.

Ce gouvernement affreux sera donc une
calamité affreuse et perpétuelle, et elle ira
toujours croissante, jusqu'à ce que la disso-
lution entiere de la république arrive ; ne
pouvant que gagner à un changement quelconque, elle y tendra constamment jusqu'à
son entiere défection.

Hélas ! je le dis en frémissant ; mais il est
très-vrai que le despotisme, si exécrable par
ses vices, serait plus tolérable que les forfaits des enfans des ténebres, lesquels por-
tant en tous lieux le deluge, l'épouvante
et la mort, ne laisseroient enfin sur la terre

que les signes de la dévastation et les mar-
ques de leurs ravages.

Que l'on me permette une comparaison
sensible par où je vais terminer ce chapitre.

Tout ce qu'on peut dire de certain au su.
jet d'un volcan en éruption, dont le feu est
entretenu par des matieres combustibles,
c'est qu'il ne finira que lorsque le bitume et
le souffre qui l'alimentent , seront épuisés.

Ce volcan est l'image d'un torrent en-
flammé qui étendra ses ravages plus loin
que ne le fait le Mont-Etna , parce qu'il
suit une pente rapide qui l'entraîne ; il rou-
lera donc ses vagues de feu avec impétuo-
sité , jusqu'à ce que Charibde et Sylia l'en-
gloutissent.

Voilà, sans doute , d'affreuses vérités ;
mais il est indispensable de les mettre en
évidence , afin de prévenir les maux qui
seraient la suite d'une coupable réticence.

Quiconque peut s'abaisser à flatter , est
un lâche ; quiconque sait des choses utiles
et les tait, est méprisable ; quiconque est
membre du souverain et ne veut pas servir
la république, est indigne de vivre ; qui.
conque la trahit mérite supplice, c'est ma
profession de foi.

Quelle foule de réflexions les événemens

(5o)

exposés dans cet ouvrage , ne doivent - ils
pas faire naître dans des cerveaux pensans !
Une révolution inouie fomente , éclate et
opere des prodiges. Une pelote d'argile brise
des monceaux d'or , de fer et d'airain ; elle
frappe et renverse tout ce qui lui fait obstacle , et va se placer au sommet de la souveraineté , d'où elle dicte son vouloir suprême. Cette métaphore est la vérité ; mais
parlons sans figure.

Tout est si bien changé autour de nous ,
qu'à peine pouvons-nous reconnaître quelques vestiges des objets qui stimulaient perpétuellement notre attention , et qui la cap-
tivaient même.

Hier un homme était puissant et dédai-
gneux ; aujourd'hui il est la merci du pauvre ; celui qui faisait la loi , est contraint
de la recevoir. Mais laissons ces considérations générales , et venons à celles qui sont
particulieres à cet ouvrage.

Montrons que ce que nous avons avancé
au sujet de l'immoralité et du peu de politique du feu roi , est confirmé par lui-même
dans son testament.

Je le donne ici littéralement et tel qu'il
a été publié. Point de doute qu'il ne ren-
ferme ses sentimens secrets , puisés dans le
fond

fond de sa conscience , puisqu'il a fait cet
écrit dans le recueillement de la solitude.

TESTAMENT

DE

LOUIS XVI,

*Conforme à la minute déposée à la
Commune (1).*

*Au nom de la très-sainte Trinité, du
Père, du Fils et du Saint-Esprit.*

Aujourd'hui vingt-cinquième jour de décembre 1792 , moi, Louis XVIe de nom, roi
de France, étant depuis plus de quatre mois
enfermé avec ma famille, dans la tour du
Temple à Paris, par ceux qui étaient mes
sujets, et privé de toute communication
quelconque, même depuis le 11 du courant,
avec ma famille, depuis impliqué dans un
procès, dont il est impossible de prévenir

______

(1) Extrait des Annales Républicaines , N° 52.

l'issue, à cause des passions des hommes, et dont on ne trouve aucun prétexte ni moyen dans aucune loi existante. N'ayant que Dieu pour témoin de mes peines, et auquel je puisse m'adresser, je déclare ici, en sa présence, mes dernieres volontés et mes sentimens.

Je laisse mon ame à Dieu, mon créateur; je le prie de la recevoir dans sa miséricorde, de ne pas la juger d'après ses mérites, mais par ceux de notre seigneur Jésus-Christ, qui s'est offert en sacrifice à Dieu, son pere, pour nous autres hommes, quelques indignes que nous en fussions, et moi le premier.

Je meurs dans l'union de notre sainte mere l'Eglise Catholique, Apostolique et Romaine, qui tient ses pouvoirs par une succession non-interrompue de saint Pierre auquel Jésus-Christ les avoit confiés.

Je crois fermement et je confesse tout ce qui est contenu dans le Symbole, les Commandemens de Dieu et de l'Eglise, les Sacremens et les mysteres, tels que l'Eglise catholique les enseigne et les a toujours enseignés; je n'ai jamais prétendu me rendre juge dans les différentes manieres d'expliquer les dogmes qui déchirent l'église de

Jésus-Christ ; mais je m'en suis rapporté et m'en rapporterai toujours, si Dieu m'accorde vie, aux décisions que les supérieurs ecclésiastiques, unis à la sainte Eglise Catholique, donnent et donneront conformément à la discipline de l'Eglise suivie depuis Jésus-Christ ; je plains de tout mon cœur nos freres qui peuvent être dans l'erreur ; je ne prétends pas les juger, et je ne les aime pas moins tous en Jésus-Christ, suivant ce que la charité chrétienne nous l'enseigne ; je prie Dieu de me pardonner tous mes péchés. J'ai cherché à les connaître scrupuleusement, à les détester et à m'humilier en sa présence. Ne pouvant me servir du ministere d'un prêtre catholique, je prie Dieu de recevoir la confession que je lui en ai faite, et surtout le repentir profond que j'ai d'avoir mis mon nom, (quoique cela fût contre ma volonté,) à des actes qui puissent être contraires à la discipline et à la croyance de l'Eglise Catholique, à laquelle je suis toujours resté sincerement uni de cœur ; je prie Dieu de recevoir la ferme résolution où je suis, s'il m'accorde vie, de me servir aussitôt que je le pourrai, du ministere d'un prêtre catholique,

D 2

pour m'accuser de tous mes péchés , et recevoir le sacrement de pénitence.

Je prie tous ceux que je pourrais avoir
offensé par inadvertance, (car je ne me
rappelle pas d'avoir fait sciemment aucune
offense à personne,) ou ceux à qui j'aurais
pu avoir donné de mauvais exemples ou des
scandales , de me pardonner le mal qu'ils
croient que je peux leur avoir fait.

Je prie tous ceux qui ont de la charité
d'unir leurs prieres aux miennes, pour obtenir de Dieu le pardon de mes péchés.

Je pardonne de tout mon cœur à ceux qui
se sont faits mes ennemis , sans que je leur
en aie donné aucun sujet , et je prie Dieu
de leur pardonner, de même que ceux qui
par un faux zele ou par un zele mal entendu m'ont fait beaucoup de mal.

Je recommande à Dieu ma femme , mes
enfans, ma sœur, mes tantes , mes freres ,
et tous ceux qui me sont attachés par les
liens du sang ou par quelqu'autre maniere
que ce puisse être; je prie Dieu particuliere-
ment de jetter des yeux de miséricorde sur
ma femme, mes enfans et ma sœur qui
souffrent depuis long-tems avec moi, de les
soutenir par sa grace , s'ils viennent à me

perdre, et tant qu'ils resteront dans ce monde périssable.

Je recommande mes enfans à ma femme ; je n'ai jamais douté de sa tendresse maternelle pour eux : je lui recommande surtout d'en faire de bons chrétiens et d'honnêtes hommes, de ne leur faire regarder les malheurs de ce monde-ci, (s'ils sont condamnés à les éprouver,) que comme des biens dangereux et périssables, et de tourner leurs regards vers la seule gloire solide et durable de l'éternité. Je prie ma sœur de vouloir bien continuer sa tendresse à mes enfans, et de leur tenir lieu de mere, s'ils avaient le malheur de perdre la leur.

Je prie ma femme de me pardonner tous les maux qu'elle souffre pour moi et les chagrins que je pourrois lui avoir donnés dans le cours de notre union, comme elle peut être sûre que je ne garde rien contre elle, si elle croyait avoir quelque chose à se reprocher.

Je recommande bien vivement à mes enfans, après ce qu'ils doivent à Dieu, qui doit marcher avant tout, de rester toujours unis entr'eux, soumis et obéissans à leur mere, et reconnaissans de tous les soins et les peines qu'elle se donne pour eux, et en mémoire de moi ; je les prie de regarder ma sœur comme une seconde mere. Je re-commande à mon fils , s'il avait le malheur de devenir roi , de songer qu'il se doit tout entier au bonheur de ses concitoyens , qu'il doit oublier toute haine et tont ressenti-ment , et nommément tout ce qui a rapport aux malheurs et aux chagrins que j'éprouve; qu'il ne peut faire le bonheur des peuples, qu'en régnant suivant les loix ; mais en même tems , qu'un roi ne peut les faire res-pecter , et faire le bien qui est dans son cœur , qu'autant qu'il a l'autorité néces-saire , et qu'autrement, étant lié dans ses opérations, et n'inspirant point de respect, il est plus nuisible qu'utile.

Je recommande à mon fils d'avoir soin de toutes les personnes qui m'étaient attachées autant que les circonstances où il se trou-vera , lui en donneront les facultés ; de son-ger que c'est une dette sacrée que j'ai con-tractée envers les enfans ou les parens de ceux qui ont péri pour moi, et ensuite de ceux qui sont malheureux pour moi ; je sais qu'il y a plusieurs personnes , de celles qui m'étaient attachées , qui ne se sont pas conduites envers moi comme elles le de-vaient , et qui ont même montré de l'in-

gratitude ; mais je leur pardonne , (souvent
dans les momens de troubles et d'efferves-
cence , on n'est pas le maître de soi ,) et je
prie mon fils , s'il en trouve l'occasion , de
ne songer qu'à leur malheur.

Je voudrais pouvoir témoigner ici ma re-
connaissance à ceux qui m'ont montré un
véritable attachement et désintéressé. D'un
côté, si j'étais sensiblement touché de l'in-
gratitude et de la déloyauté des gens à qui
je n'avais témoigné que des bontés, à eux,
à leurs parens ou amis, de l'autre, j'ai eu
de la consolation à voir l'attachement et
l'intérêt gratuit que beaucoup de personnes
m'ont montré. Je les prie d'en recevoir tous
mes remercîmens ; dans la situation où sont
encore les choses, je craindrais de les com-
promettre si je parlais plus explicitement ;
mais je recommande spécialement à mon
fils de chercher les occasions de pouvoir
les reconnaître.

Je croirais calomnier cependant les sentimens de la nation si je recommandais ou-
vertement à mon fils MM. de Chamilly et
Hue, que leur véritable attachement pour
moi avait porté à s'enfermer avec moi dans
ce triste séjour, et qui ont pensé en être
les malheureuses victimes ; je lui recom-

D 4

mande aussi Cléry , des soins duquel j'ai eu tout lien de me louer, depuis qu'il est avec moi; comme c'est lui qui est resté avec moi jusqu'à la fin, je prie MM. de la Commune de lui remettre mes hardes, mes livres, ma montre, ma bourse et les autres petits effets qui ont été déposés an conseil de la Commune.

Je pardonne encore très-volontiers à ceux qui me gardaient, les mauvais traitemens et les gênes dont ils ont cru devoir user envers moi. J'ai trouvé quelques ames sensibles et compatissantes; que celles-là jouissent dans leur cœur de la tranquillité que doit leur donner leur façon de penser.

Je prie MM. Malesherbes , Tronchet, Deseze , de recevoir ici mes remercîmens et l'expression de ma sensibilité, pour tous les soins et les peines qu'ils se sont donnés pour moi.

Je finis, en déclarant devant Dieu , et prêt à paraître devant lui, que je ne me reproche aucun des crimes qui sont avancés contre moi.

Fait double à la tour du Temple , le 24 décembre 1792.

Signé , LOUIS.

(59)

Cette piece qui apitoye si fort les gens faibles, ce chef-d'œuvre de simplicité, de résignation d'un cœur sans reproche, n'est qu'un tissu d'inepties digne de pitié, comme on va le voir par la critique analytique que nous en allons faire.

Louis IX et Louis XI semblent avoir été ses modeles; car son début est pieux et orthodoxe, à la maniere des idées de ses ancêtres; il meurt dans l'union de sainte-mere Eglise; il pouvait faire mieux, c'était de vivre pour l'amour du peuple qui lui avait pardonné ses trahisons.

Sa confession et sa croyance aux mysteres nous montre encore un catholique, comme il ne devrait pas y en avoir à la fin du dix-huitieme siecle, parce que cette petitesse puérile fait croire qu'on a rempli tous ses devoirs, lorsqu'on a accompli ces préceptes.

Oh! qu'il n'en va pas ainsi pour aucun homme, mais surtout pour un roi qui doit avoir d'autres considérations que celles qui lui sont inspirées par les apôtres des préjugés, lesquelles sont toutes favorables à leur intérêt.

La vraie religion est toute renfermée dans une morale bienfaisante qui ramene tout à ce but : c'est-là la sagesse sans laquelle tout le reste n'est que momeries et grimaces.

Certes, c'est une chose bien édifiante qu'un roi contrit de ses péchés, qui croit au simbole des apôtres, à la discipline de l'église, et qui, par attachement aux canons, laisse périr peuple.

La raison n'aurait-elle pas dû tenir la premiere place, et lui faire abjurer tout ce qu'il voyait être si pernicieux à la chose publique ?

Quoi ! la guerre intestine, les meurtres, les assassinats, les incendies et toutes les calamités que provoquaient la superstition prétendue catholique, ne purent jamais lui faire ouvrir les yeux?

Quoi ! la perte du genre humain ne serait rien en comparaison de l'abandon du culte de l'Eglise romaine, s'il fallait opter entre l'un et l'autre ? Ah ! dans quelle cervelle gâtée un pareil préjugé pourrait-il dominer ? Grand Dieu ! vous voyez ce que peuvent les ténèbres.

Il est vraisemblable que si Louis avait été juste, bon et éclairé, qu'il eût professé des sentimens philosophiques, il eût encouru l'anathème de la chaire saint Pierre ; mais quel grand mal , quand il n'eût plus été le fils aimé de sainte mere à qui les gens moins crédules ont donné le **nom** souvent mérité de prostituée , &c.

A la place de fils de la fille de Jésus-Christ, il eût pris alors légitimement le nom de pere de vingt-quatre millions d'enfans qui l'auraient aimé et béni comme un être bienfaisant et magnanime qui les aurait sauvés du poids de l'iniquité et de l'accablement de l'infortune ; mais non , comme une buse , il se laisse mener par un tas de sacrés-pans, par sa femme et par des prêtres qui tous avaient **juré** sa honte et sa perte.

Hélas ! il se montre repentant d'avoir mis sa signature à la seule chose qu'il avait faite de bien pour l'intérêt public , et il avoue par-là avoir été un pauvre hypocrite, et, pour effacer ce grand péché, il demande à se confesser à un prêtre catholique, afin de l'expier. Cela fait voir que , quand une fois la démence superstitieuse domine dans une tête , vertu, justice et raison ne peuvent y entrer, tant il est vrai que la maladie de l'ignorance est cruelle et incurable.

De tous les prêtres dont la terre a été couverte pour son malheur, aucuns n'ont com-

mis tant d'atrocités, d'exécrations et d'horreurs, que les prêtres catholiques. Ce ne
devrait pas être des motifs d'une haute considération, ni d'une confiance sans réserve;
aussi sont-ils souverainement haïs et mé-
prisés de tout ce qu'il y a de gens éclairés
qui les connoissent; mais ils en sont bien
dédommagés par les nombreux enfans de
la crapuleuse ignorance, qui les ont souvent pris pour des Dieux, et toujours pour
des anges.

VIE ET MORT

DE

MARIE - ANTOINETTE.

*Observations préliminaires adressées à
toute la terre.*

IL faut être bien sot, bien stupide, bien
lâche et bien dépravé, pour ne pas aimer
la liberté; mais il faut être pis que tout cela,
pour aimer la licence. Or, dans un pays

nouvellement né au bien suprême, il est inoui combien la grossièreté, l'idiotisme et la méchanceté abusent du nom de cette divinité, pour répandre leur bave contagieuse sur la terre.

Dans des momens d'orage, les ruisseaux des rues grossissent à vue-d'œil à Paris; ils entraînent les immondices qu'ils trouvent en abondance sur leur passage. Alors c'est une odeur fétide, une contagion, une vraie peste dans toute la ville.

La même chose arrive dans cette cité, lorsqu'il y a quelques événemens extraordinaires.

Tous les garçons des échaudoirs des boucheries, dégoutans de sang et de fange, se mettent à écrire, et ne manquent pas de prêter leurs sentimens et leur stile au héros qu'ils dépeignent; et, comme leur métier est d'assommer et d'égorger, c'est avec la massue et le coutelas qu'ils font leurs peintures.

Au surplus, ils n'ont pas loin à aller pour trouver des modeles dignes d'eux, lorsqu'ils ont la description de quelques femmes à faire.

C'est auprès des beautés des coins des bornes, et près des égouts, qu'ils vont étudier la nature ; c'est aux entretiens de ces belles qu'ils échauffent leur verve ; c'est dans leur métier qu'ils prennent les idées qu'ils vomissent, en traçant quelque histoire.

Nourris de boue, de fiel et autres pâtures semblables, est-il surprenant qu'ils distillent le venin dans leurs sales écrits (1)·

Eh bien ! le pauvre peuple gobe toutes ces ordures avec avidité ; il s'en infecte et croit être bien vengé quand il a dit : *Oh! c'est bien vrai.*

Peuple, connais mieux tes intérêts ; crois-moi, il y a long-tems que je te le dis. Laisse-là les immondices deségouts éleve-toi au-dessus de toutes les produc-

____

(1) Telle fut une horrible et dégoûtante production qui parut le lendemain du décès de Marie-Antoinette, sous le nom de son testament , et cela avec une charade noire, en forme de portrait très-convenable à l'ouvrage.

Eh bien ! l'édition de cette ordure, digne des cloaques , fut enlevée en peu de tems ; il n'y en aura pas, disait-on , pour les pages.

Concluez delà de l'esprit, du goût et de la délicatesse qui régnent chez ce que l'on appelle si justement le vulgaire ; et on ne veut pas me croire, lorsque je dis que la multitude sera grossiere et horrible jusqu'à ce qu'elle soit instruite.

tions de la grossiereté et de la malice , qui
ne te sont présentées que pour te flatter et
attraper ton argent. Sache que la flatterie
et l'ignorance ont perdu tous les souverains,
Défie-toi donc de l'une et de l'autre ; ne
sois plus leur dupe ; chasse - les toutes les
deux de ton empire , et ce sera l'acte d'un
souverain qui fait justice à qui il appartient.

VIE ET MORT

DE

MARIE-ANTOINETTE.

CHAPITRE PREMIER.

Ainsi que son mari, Marie - Antoinette
eut le malheur de naître près du trône que
la vérité n'approcha jamais ; ainsi l'orgueil
du diadème se glissa de bonne heure dans
son cœur , et circula avec son sang dans
ses veines.

Pour comble de malheur, son berceau
ne fut entouré que de complaisans bas et

rampans, que de ces pestes de cour qui corrompraient la vertu même.

Il n'est donc pas étonnant que cette jeune princesse, précoce en tout, au premier rayon de discernement, ne rapportât tout à elle-même.

Cet empressement à la loüer, à lui plaire, l'encens qu'elle voyait fumer autour d'elle, l'admiration où chacun était, lorsqu'elle ouvrait la bouche, tout lui fit croire qu'elle était un prodige.

On la flagornait également pour son esprit et pour sa figure ; ainsi elle ne doutait nullement qu'elle ne fût fort au-dessus d'Uranie, de Venus et des grâces.

A peine savait-elle balbutier, que déja elle était imbue de la plus haute présomption et de tous les préjugés attachés au rang suprême.

Les cours, ces écoles de corruption, fertilisent l'imagination, et sont funestes à l'innocence; car tels gens, telles mœurs.

Marie-Antoinette avait fait des remarques au-dessus de son âge, elle avait beaucoup réfléchi sur certains propos, beaucoup observé des animaux qui se caressaient: il ne lui en fallut pas davantage pour s'éclairer sur les misteres de l'amour.

Néanmoins

Néanmoins, elle fit des questions à sa gouvernante qui fit la niaise, tout en souriant bêtement ; car cette femelle n'avait pas été à l'école de Jean-Jacques. Cette pruderie, cette réticence de madame la comtesse la confirma dans ses découvertes. Or, il est de fait, comme chacun sait, que, dans cette science de la théorie à la pratique, il n'y a qu'un pas qui est bientôt franchi : il le fut par notre héroïne qui devint nubile, et cessa d'être vierge.

A l'âge de douze ans, elle fit ses premiers essais en galanterie avec un jeune seigneur Polonais qui eut ses prémices, à la masturbation près. Elle eut ensuite quelques grands de la cour, comme Cobourg, Brunswick, &c.

Le prince Louis (1), ambassadeur de France à Vienne, ne fut que le dix ou douzième, et ne crut pas moins avoir les gants de la belle, qui déja était assez experte pour faire usage sur son bidet des astringens du distillateur Maille qui avait l'honneur et l'avantage d'être vinaigrier de l'empereur, de sa femme et de ses filles, ce qui lui faisait de bien excellentes pratiques.

____

(1) Depuis Cardinal-Collier.

E

Mais, comme le disent les bonnes gens, de telles peccadiles ne comptent pas ; il faut donc revenir à quelque chose de plus sérieux , de plus grave. Cent galanteries de plus , plutôt que de moins , ne rendraient pas l'histoire plus intéressante. Il n'y a que le premier pas qui coûte , dit-on , et certes , ce proverbe est bien déplacé en matiere d'amour , surtout lorsqu'on est bien disposé à ses leçons.

Voyons donc des choses plus importantes.

CHAPITRE II.

MARIE-ANTOINETTE était adorée à Vienne, lorsqu'il fut question de la marier en France. Elle avait alors quinze ans et tout ce que l'on peut avoir de charmes à cet âge. De plus, elle était bien exercée à toutes sortes de manèges ; ainsi rien ne manquait au physique , mais il n'en était pas de même du moral.

Cette femme célèbre aurait bien pu figurer chez Astley, chez la Pâris, etc. ; mais elle était loin des vertus de la femme la plus ordinaire.

C'est dans cet état, et comme une autre fiancée au roi de Garbe, qu'elle vint épouser un homme de toute nullité de la tête aux pieds.

La voilà dauphine et plus idolâtrée à Paris qu'elle ne l'avait jamais été à Vienne.

Elle ne veut point d'étiquettes; son grandpère, vieux paillard, à qui elle trouve le moyen de plaire, les supprime toutes pour l'amour d'elle.

Toutes les femmes, jusqu'aux simpiternelles, imitent dans leurs mœurs et leurs vêtemens notre illustre virago qui jouissait de la plénitude de la liberté que qui que ce soit n'aurait osé contredire.

Or, comment dans cet état de choses la tête ne lui aurait-elle pas tourné : sa volonté et ses caprices étaient érigées en autant de décrets irrévocables.

Il n'en fallait pas tant à une tête femelle divinisée en naissant, pour être ce qu'elle a été, surtout avec la présomption de supériorité qui lui donnait le droit de dire en toute circonstance et en toute occasion : « Il » n'y a que moi qui aie toujours raison ».

Joignez à cela un tempérament de feu, qu'elle pouvait satisfaire librement, en continuant ses jeux et ses exercices académiques ; ajoutez à ses ardeurs naturelles, qu'elles étaient encore irritées par les alimens succulens dont elle faisait usage, comment, avec tous ces moyens, n'eût-elle pas eu les fureurs histériques en partage ?

Il aurait fallu à cette femme un hercule au moins, et son mari, quoique bien lourd et bien épais, ne valait pas un fétu. Que faire dans une pareille viduité ? se pourvoir ailleurs ; et c'est ce que fit notre héroïne, parce que tout l'y portait et l'autorisait à se satisfaire.

Elle avait d'ailleurs tout le manège des coquettes, pour enchaîner ses captifs ; et par-dessus tout, elle était princesse, et comme la vanité se fourre partout, il n'est pas de dandin qui ne tint à grand honneur d'avoir quelque audience particulière dans quelque promenade ou cabinet secret.

Quant à ceux qui avaient les grandes entrées à toutes heures au château, c'était une autre affaire : là point de mystère. Si on venait pour la voir en particulier, on se retirait, lorsqu'on apprenait qu'elle n'était pas visible, parce qu'elle était en affaire avec son beau-frère.

Pour n'être pas surpris en flagrant délit par gros Guillot, on s'était assuré d'espions et de sentinelles vigilans et fidèles; ainsi quand l'ours arrivait de la chasse, il trouvait toutes les bougies éteintes et les oiseaux dénichés.

Le grand-père de son mari étant mort, après de très-grandes angoises d'une maladie nouvelle, la belle blonde devint reine. Oh! pour le coup, elle ne ménagea plus rien. Beaucoup de gens étaient en campagne employés à lui chercher de quoi satisfaire ses menus plaisirs. Dans ses orgies et ses débauches, elle avait pris pour modèle César; et c'était à Trianon, à Marly et au Temple que l'on célébrait ces fêtes en l'honneur du Dieu Priape, de Venus et de Mars.

Ce n'était, j'aurais dû le dire plus haut, que pour s'attirer plus de considération de la nation, qu'elle avait fait quelques enfans; et dans le fait, cela était vrai et avait encore ajouté à l'idolâtrie.

La voilà donc gouvernant la France et son mari, en les jouant tous deux par-dessous la jambe.

Comme le roi était grossier et mal embouché, il jurait quelque fois après elle, comme certains petits garçons après leur toupie; mais les moindres paroles, les caresses de sa femme le ramenaient à des

sentimens de bienveillance, de manière
qu'elle disposait de tout comme auparavant
et surtout des finances, ce qui n'empêchait
pas ce panier percé de s'endetter beaucoup,
tout en ruinant la France. Jamais personne
n'a pu concevoir jusqu'au dénouement de
nos catastrophes, ce qu'elle faisait de tant
d'argent. Peu-à-peu les yeux se dissillèrent
si bien qu'après plus de trois lustres d'ado-
ration, l'amour des français commença à
décliner pour elle. Sa vie scandaleuse, ses
prodigalités pour ses mignones (1), la misère du peuple qui devint extrême, tout
cela, dis je, aliéna l'esprit de la nation
contre elle. A son tour, elle la prit dans
une aversion telle qu'en ont les femmes pas-
sionnées qui sacrifient à toutes les chimères
de l'orgueil et du rang suprême.

Telle était la situation de cette souve-
raine et les dispositions du peuple envers
elle à la convocation des états généraux.

Depuis ce tems, elle aggrava ses fautes,
ou plutôt ses crimes d'une étrange manière,

____

(1) Qui étaient en grand nombre. La Lamballe,
la Montansier, la Guemène, la Lebrun, la Poli-
gnac, etc., sans tout ce qu'elle appelait les passe-
volans : du côté des hommes au moins autant.

Elle s'irrita au dernier point des murmures
que l'on se permettait de faire , et surtout
de ce que quelqu'un lui rapporta qu'on disait
contre elle de dures vérités. Elle devint furieuse de ce qu'on la nommait l'autri-
chienne , à cause de son aversion pour la
France qu'elle aurait dû chérir, et qu'elle
n'avait jamais payé de retour.

Il était trois sortes de gens avec lesquels
elle avait su plier son caractère hautain ;
ses favoris des deux sexes , son mari , afin
de l'abuser, de le tromper et de le dominer
à son aise, et surtout les contrôleurs généraux pour lesquels elle était tout miel
ou tout fiel , lorsqu'elle les trouvait peu
disposés à satisfaire ses demandes. Celui
qu'elle chérit avec une prédilection particulière, ce fut Calonne, la sang sue , qui
fut mis par cette raison dans la légende de
son calendrier.

Celui-ci plus rusé que ses prédécesseurs ,
avait des systèmes de finance si tortueux,
si alambiqués qu'il savait revêtir de tant de
sophismes, qu'il en imposa long-tems à la
cour et à la ville Il montra qu'avant lui
le déficit était immense, et qu'il se flattait
de le remplir, si on voulait le laisser faire.
Mais bien loin de tenir sa parole, ce scé-

célérat, le plus grand dilapidateur qu'ait jamais eu la France, pour assouvir son avarice et celle de ses protecteurs, creusa l'abîme immense où l'empire fut prêt à tomber, après sa fuite.

Antoinette, comme on peut croire, n'était pas ingrate envers son boursier qu'elle appelait tantôt son tout, et tantôt la chère personne. Le drôle avait prévu l'orage, et il avait à tout événement fait passer des fonds considérables en Angleterre. Jamais frippon ne s'oublia dans de pareilles affaires. Il fit sa part encore plus grande que celle de la reine; car il n'y a amour qui fasse. On ne mène que des enfans et des imbécilles avec cette passion creuse. Calonne savait bien mieux que personne que jamais sur-intendant ou millionaire n'avait rien trouvé de cruelle dans aucun pays du monde; c'est pourquoi il lui devenait indifférent de faire retraite. Mais laissons-là ce gouffre, et revenons à notre reine qui fut déconcertée, pendant quelques jours, du départ de son plutus.

CHAPITRE III.

MADAME Jules, serpent femelle qui la gouvernait alors, et qui avait eu bonne part au gâteau, la fit renchérir sur l'art de la dissimulation : ainsi il y eut gala à la cour, à l'occasion de cette évasion ; on témoigna qu'on était charmé de cette fuite précipitée, et on disait alors pis que pendre du larron. On se reprochait son trop de confiance, etc., et cela pour mieux donner le change à tout le monde. Certaines personnes furent la dupe de ce manège, tandis que ceux du parti contraire à Calonne et à la reine, qu'on n'avait pas assez craint pour les mettre du tripôt et les acheter, triomphaient, et aspiraient de remettre sur le trône de la finance leur créature Necker, lequel, grâce à eux, fut refait Dieu pour la seconde fois. Or, le ressuscité n'avait garde d'aller se brûler à la chandelle. Le crédit de la reine était tombé dans le délabrement, depuis la chûte de Calonne : ainsi, ne pouvant plus rien espérer d'elle, on lui tourna le dos. Il lui restait cependant encore d'Artois, son mari et quelques famelles avec lesquels elle fit ressource. Elle fit paraître un petit redoublement de tendresse pour son butor ; elle fit aussi des avances à Necker, tant et si bien qu'elle en tira encore, comme on dit, pieds ou ailes.

Or, tandis que Calonne avait fait rouler le pactole à ses pieds, ce contrôleur infidèle envoyait aussi des sommes considérables en Angleterre pour son compte. Comme nous l'avons dit, de son côté, Antoinette en faisait passer à son frère, afin qu'à tout événement elle pût les trouver, ou pour ses plaisirs particuliers, ou plus vraisemblablement pour nous faire la guerre, d'autant que les choses prenaient une tournure singulière en France. Dès les premiers instans de l'assemblée nationale, laquelle, par parenthèse, avait fort déplu à Antoinette, elle avait prévu une partie de ce qui est arrivé, et elle était bien aise d'avoir garde en espèces dans son pays, ayant perdu toute considération en France.

CHAPITRE IV.

L'ASSEMBLÉE nationale joua au fin ; elle mit le peuple aux prises avec la cour, afin de tenir la balance , ou plutôt de se ranger du parti du plus fort.

Elle jetta les hauts cris de la fermeture de la salle pour la préparation à la séance royale qui , cependant , avait été concertée avec les députés qui étaient bien aises d'engager l'affaire de manière que personne ne pût reculer.

Le peuple qui ne va pas par deux chemins, et qui prend tout pour argent comptant, suivit l'impulsion de ses partisans, il murmura. La séance méditée eut lieu néanmoins , à la grande satisfaction de ceux qui en avaient prévu l'issue, qui fut telle qu'ils l'avaient desirée , c'est-à-dire à faire que le peuple ne ménagea plus rien : Delà les scènes de Versailles, la prise de la Bastille et toutes les suites qui sont bien connues, et à laquelle je ne m'arrêterai pas.

Cruelle alternative de recevoir la loi de ceux à qui on l'a faite si long-tems! Oh! la fâcheuse situation que celle d'être contraint d'obéir à des sans culottes, lorsque l'on est couvert d'or et de pourpre!

Quelle douleur de voir fouler aux pieds l'orgueil du rang suprême par le rebut du genre humain , par des révoltés contre la royauté ! Toutes ces réflexions étaient poignantes ; mais il n'y avait plus à délibérer ; il fallait venir à Paris ; les ordres étaient intimés par celui qui peut tout, quand il sait vouloir.

Voilà donc toute la royale famille devenue moutonne par la frayeur, aux Tuileries. Marie-Antoinette furieuse au fond du cœur dissimule et se popularise tant qu'elle peut par l'avis des siens. Elle s'insinue et gagne les bonnes graces de ceux en qui le peuple avait mis sa confiance : Bailly, Lafayette et grand nombre de députés, etc.

Elle sourit à la fortune qu'elle croit changée pour elle ; elle pense qu'elle va de nouveau enchaîner le peuple à son char ; déjà elle se croit triomphante, et arrange tout en conséquence. C'est dans ces entrefaites qu'elle trouve le moyen de faire faire un emprunt en Hollande sous le cautionnement de son mari, et de faire passer cet argent en Allemagne, où eux-mêmes devaient bientôt se rendre.

Le ciel en a disposé autrement, malgré les trahisons de ceux que la nation tenait pour les plus dévoués à la chose publique. Le voyage ne fut pas achevé, et on fut honteusement ramené au gîte, bien morti-

fiés de l'avanture. Voilà nos gens mistifiés
et redevenus moutons encore une fois,
parce qu'on avait suspendu le roi; mais
cette farce ne dura que jusqu'à l'accepta-
tion. Pour lors, Capet fut réintégré dans
tous ses droits, avec le veto suspensif, etc.
Voilà donc encore le peuple pris pour
dupe, la cour dans une sorte de prospérité; mais qui ne fut pas de longue durée,
malgré la scène plus que leste des chevaliers du poignard, et la nouvelle garde
prétorienne, et les nouvelles trahisons,
et les embuches, et le champ de-mars que
j'aurais dû citer plutôt, etc.; car, si on
on voulait tout mettre dans un ordre chro-
nologique, il faudrait faire des volumes.
Mais je ne veux vous parler ici que des
choses auxquelles Antoinette a eu le plus
de part; celles qu'elle avait ourdies seule,
ou avec ses co-associés.

CHAPITRE V.

LE défaut de sanction des deux fameux
décrets contre les émigrés et les prêtres ré-
fractaires était dû à elle. L'espérance de re-

devenir despote et de se venger l'aveuglait totalement : ainsi elle saisissait toutes les occasions de mettre son mari mal avec la nation, afin de le porter à quelque coup d'éclat , ce qui ne tarda pas à arriver.

Toute femme galante est nécessairement coquette. Or, la cour est dans ce genre une école parfaite. Là , les femmes excellent dans l'art de minauder et de séduire , et Antoinette faisait ce qu'elle voulait de son visage , lorsqu'elle desirait se faire des créatures ; elle souriait avec beaucoup de grace, et savait se rendre intéressante. Il n'est pas étonnant, par conséquent , qu'elle séduisît des bourgeois qui n'avaient jamais rien vu de semblable dans leurs provinces et dans leur ménage.

Or , tels étaient presque tous les députés à l'assemblée nationale. Voilà , sans doute, pourquoi Bailly devint son complaisant et Pétion , maire de Paris , son esclave et son ame damnée , au point de jouer le rôle de tartuffe , d'infâme et de traître , pour avoir l'avantage de lui plaire.

Cet homme à deux visages joua toutes sortes de stratagême dans l'affaire du 10 août 1792, qui fut la journée des dupes ; car , malgré les ruses et les apprêts , elle tourna entièrement contre ses auteurs. Il y eut, à la vérité, beaucoup de sang patriote répandu ; mais ce ne fut pas en pure perte pour la chose publique qui prit enfin la tournure que cette victoire devait lui faire prendre.

La royale famille et tous ses partisans qui étaient dans l'assemblée, furent consternés de l'événement ; mais on faisait contre fortune bon cœur.

Le pauvre diable de roi et les siens s'étant sauvés avec précipitation du château à l'assemblée, chacun accueillit les fuyards selon le sentiment qui le dominait ; et finalement on hébergea ladite famille dans l'enceinte de la convention, jusqu'à sa translation au temple.

Cette demeure dut paraître de mauvais augure à ceux qui avaient tant abusé de leur pouvoir par des actes d'autorité arbitraire. Effectivement le père n'en sortit que pour aller au supplice, et la mère à la conciergerie, six mois après l'exécution de son mari.

Là, dans cette dernière prison, Antoinette a eu le tems de boire le calice dans toute son amertume, angoises bien méritées, si, toutefois, mère dénaturée, elle a

mis le comble à ses iniquités par des incestes
multipliés avec ses enfans.

Nous allons donc finir cette vie scandaleuse par un exposé succint de son jugement qu'elle subit selon les uns avec beaucoup de courage, et selon d'autres bien
différemment, puisqu'elle était aux trois
quarts morte, en arrivant à l'échaffaud.

Quoi qu'il en soit de ses derniers momens, ce qu'il y a d'évident sur elle, c'est
que le rang qu'elle avait occupé, n'a servi
qu'à mettre dans un plus grand jour tout
le mal qu'elle avait fait, et celui qu'elle
avait voulu faire ; ce qui fait voir que les
grandeurs sans vertus, sans mœurs et sans
lumières, sont des présens funestes.

Rapport

Rapport et Condamnation.

Exposé qu'examen fait de toutes les piè-
ces transmises par l'accusateur public, il
en résulte qu'à l'instar des Frédégondes,
des Brunehauts et des Médicis, que l'on
qualifiait de reines de France, et dont les
noms, à jamais odieux, ne s'effaceront
pas de l'histoire, Marie Antoinette, veuve
de Louis Capet, a été, depuis son séjour
en France, le fléau et la sang-suc des Français ; qu'avant même l'heureuse révoulu-
tion qui a rendu au peuple sa souvéraincté,
elle avait des rapports politiques avec
l'homme qualifié roi de Bohême et de Hon-
grie ; que ses rapports étaient contraires
aux intérêts de la France ; que non con-
tente de ce forfait, de concert avec les
frères de Louis Capet et l'infâme et exécrable Calonne, lors ministre des finances,
elle avoit dilapidé d'une manière effroyable
les finances de la France, fruit des sueurs
du peuple, pour satisfaire à ses débauches
et payer les agens de ses intrigues galantes
et criminelles.

F

De plus, il est constaté par des preuves suffisamment acquises, que ladite veuve Capet a intrigué de toutes les manières possibles par des correspondances avec les ennemis de l'état, et par tous les autres moyens et stratagêmes que sa haine pour les Français lui suggérait, afin de parvenir à une contre-révolution qui l'aurait mise à même de se baigner dans le sang des patriotes qu'elle détestait.

Tout ce qui pouvait favoriser les vues contre - révolutionnaires de Marie - Antoinette fut embrassé avec ardeur et employé par elle, afin de faire succomber le parti de la liberté.

Séduction, argent donné à profusion, avis à l'ennemi de tout ce qui se passait au conseil, en un mot, tout ce que la trahison au désespoir peut employer de forfaits, fut mis en œuvre par cette femme qui aurait voulu voir la France en cendres.

Chaque jour était marqué par de nouveaux projets et de nouveaux crimes. Elle était l'ame de tous les projets liberticides, comme il est prouvé par les dispositions d'une quantité innombrable de témoins irréprochables, indépendamment des faits qui parlent contre elle, qui tous la condamnent.

Femme adultère et parjure, citoyenne perfide et conspiratrice , mère dénaturée, sa vie fut un tissu de crimes. On peut en juger par les excès où elle se porta avec ses enfans , étant prisonnière au temple.

Corrompre l'innocence de son fils au point d'en faire une victime de sa lubricité, ne faut-il pas être un monstre abominable ?

Sa fille et sa nièce ne furent pas épargnées , et se souviendront des leçons de ce tison qui brûlait sans cesse d'assouvir ses passions brutales et dénaturées.

A l'aspect de tant d'horreurs , qui peut s'empêcher de se récrier :

Quelle furie, quelle cannibale, quelle mégère ! qui peut en entendre parler sans frémir ? qui peut n'être pas satisfait du jugement qui l'a condamnée à perdre la vie d'une manière si ignominieuse , ainsi que feu son mari ?

EPITAPHES.

Ici reposent le Mari et la Femme ;
L'un fut un sot parfait, et l'autre une infâme.

Autre.

Oui , à cette place, (Dieu soit loué !) repose le cadavre d'un méchant roi, qui se croyait en droit d'être traître à la patrie. Il est étendu là , grace à la guillotine.

Autres.

Ci gît un serrurier, une mâchoire,
Lequel ne fit en son vivant que boire.

Ici repose aussi celui de sa mie,
Modèle de débauche et de perfidie.

www.ingramcontent.com/pod-product-compliance
Ingram Content Group UK Ltd.
Pitfield, Milton Keynes, MK11 3LW, UK
UKHW022053170726
13837UKWH00002B/918